UNDERSTANDING THE
VOICE
OF
GOD

`I0086423`

AKIN AKINYEMI

SYNCTERFACE™
Syncterface Media
London
www.syncterfacemedia.com

république. Mais elle devait également conduire, par une extension graduelle, à l'égalité juridique des autres églises qui se réclamaient du même principe pour interpréter à leur guise les textes de la Bible, et, une fois cette brèche ouverte, la tolérance civile de toutes les opinions en matière religieuse n'était plus qu'une question de temps.

Sans doute, le vieux monde, sous ce rapport, a devancé le nouveau, puisqu'en 1838 nous trouvons encore un citoyen de Boston condamné à l'emprisonnement pour crime d'athéisme. Mais, tandis que chez nous la liberté des cultes s'est établie grâce aux adversaires de l'église, aux États-Unis elle est le produit naturel d'une évolution qui a son point de départ dans les origines religieuses de la nation. Le pasteur Roger Williams, lorsqu'il fondait, en 1(536, la colonie de Providence (aujourd'hui l'état de Rhode-Island), sur le principe d'une liberté absolue au profit de tous les cultes, — William Penn, insérant, en 1681, dans la charte de l'état qui porte son nom, la défense de mettre les frais d'un culte quelconque à la charge du trésor public, « pour empêcher qu'aucune secte ne puisse s'élever au-dessus des autres, » — les constituants du premier Congrès, qui interdirent d'imposer un serment religieux aux fonctionnaires fédéraux ainsi que a d'édicter des lois relatives à l'établissement ou à la prohibition d'une religion » — enfin les législateurs locaux, qui firent passer ces principes dans les constitutions particulières de leurs états, n'étaient en général rien moins que des sceptiques ou des rationalistes : c'étaient des croyants, convaincus de l'infaillibilité de la Bible et de l'excellence de leur culte. MM. Laboulaye, de Laveleye et les autres apologistes de la démocratie américaine ont donc raison de prétendre qu'aux États-Unis la liberté politique et la liberté religieuse sont toutes deux filles de la Réforme ; seulement il convient de ne pas méconnaître que la seconde est de beaucoup la cadette. Mais il est une liberté d'un autre ordre qui, bien que plus jeune encore, peut revendiquer la même filiation ; c'est la liberté intellectuelle, le rejet des préjugés dogmatiques, le rationalisme en un mot. Ici encore l'Europe a devancé l'Amérique. Toutefois, ici également, il y a une distinction importante à faire : c'est que chez les peuples de notre continent placés à la tête de la culture moderne, la science s'est développée en raison inverse de la religion, alors qu'aux États-Unis le libre examen le plus complet apparaît comme le couronnement de l'évolution religieuse. Nous avons déjà montré une situation analogue s'esquissant, sous l'influence de causes identiques, chez deux peuples aussi dissemblables que les Anglais et les Hindous. C'est une étude du même genre que nous voudrions entreprendre sur les États-Unis.

Chapitre I

Donnez à une société religieuse pour unique autorité un ensemble de traditions écrites et laissez à l'inspiration individuelle le soin d'en préciser le sens : devant la variété des interprétations, force sera bien de faire appel aux lumières de la raison, et celle-ci, toute fière de venir en aide au sentiment religieux, s'empressera avec une parfaite bonne foi de choisir les versions les plus conformes, non-seulement à l'esprit des textes, mais encore au progrès des connaissances humaines. Cependant, comme ces dernières vont toujours en grandissant, il vient une heure où le libre examen ne peut plus maintenir les droits de la science qu'en forçant le sens de la tradition ou en se réfugiant dans les subtilités du symbolisme. Ainsi, la crise se trouve momentanément apaisée ; mais du jour où la vérité historique reprend ses droits, les esprits religieux, qui ne peuvent plus se déshabituer de la liberté de penser, sont forcément conduits à mettre en doute, sinon la réalité de l'inspiration divine, du moins la fidélité des passages où elle se trouve consignée. C'est alors qu'on se réfugie dans la distinction entre les parties essentielles et les parties accessoires du livre sacré, en fixant, suivant les besoins de la cause, la limite arbitraire de ces deux domaines ; puis, après avoir cherché dans les testes des protestations contre leur propre infaillibilité, on en arrive à contester la possibilité même d'une révélation spéciale, — tant qu'enfin on se trouva devant les *catégories* de la religion naturelle, irréductibles à l'analyse scientifique : la cause première, l'immortalité de l'être et le caractère impératif du devoir, ou encore l'inconnaissable d'Herbert Spencer. — Cette œuvre de désintégration dogmatique peut s'observer dans toutes les confessions fondées sur l'autorité de textes traditionnels ; mais nulle part elle ne s'est poursuivie d'une façon plus continue et plus logique que parmi les congrégations de la Nouvelle-Angleterre.

Les premiers émigrants professaient dans toute son intégrité la doctrine de Calvin sur le péché originel, sur la grâce et sur la prédestination. Mais ce sombre fatalisme où l'homme, incapable par lui-même de s'élever au bien, se trouve désigné d'avance, par l'arbitraire de son Créateur, au salut ou à la damnation, choquait trop les sentiments les plus élémentaires de justice et de générosité pour ne pas provoquer, en Amérique comme en Europe, une réaction conforme aux exigences de la liberté et de la responsabilité humaines. La troisième génération des puritains n'avait pas disparu que le dogme de la prédestination se trouvait aux prises avec son vieil ennemi, l'arminianisme, sous une forme plus ou moins déguisée.

L'arminianisme une fois dans la place, le socinianisme n'était plus loin. Le président John Adams disait à la fin de sa carrière que, dès 1750, nombre de pasteurs et de laïques étaient plus ou moins gagnés à l'unitarisme. Toutefois les progrès de cette évolution ne se firent d'abord sentir que par le silence gardé autour des dogmes contestés. Peut-être les libéraux étaient-ils effrayés de leur propre audace ou ne se rendaient-ils pas un compte exact de leurs croyances. Même à la fin du siècle, alors que d'autres sectes de création récente, les universalistes, — les « chrétiens, » — avaient ouvertement répudié le dogme de la trinité, les calvinistes avancés repoussaient encore la qualification d'unitaires, soutenant même la nécessité de rester dans le vague sur tous les points de doctrine tels que la prédestination, l'éternité des peines, la divinité du Christ où la Bible ne s'exprimait pas en termes clairs et formels. « Les expressions de la Bible sont seules aptes à formuler les mystères bibliques : » telle était la réponse qu'ils opposaient invariablement à leurs adversaires lorsque ceux-ci les sommaient de préciser leurs croyances. Ainsi, par une étrange interversion des rôles, c'étaient les rationalistes qui voulaient s'en tenir étroitement à la lettre de la révélation, tandis que les orthodoxes préconisaient le droit et le devoir d'en approfondir le sens et d'en développer les conséquences. Mais cette position n'était pas longtemps tenable pour les libéraux, et le vrai terrain de la lutte se dessina, lorsque, mis au pied du mur, ils firent intervenir dans la controverse l'autorité de la religion naturelle et de la critique historique.

En 1805, l'université de Harvard, qui remontait presque aux premiers temps de la colonisation, mais qui s'était toujours montrée ouverte aux tendances les plus avancées, confia sa chaire de théologie à un ministre libéral, le docteur Ware. « Tous ceux qui ont subi l'influence du docteur Ware, a écrit plus tard un de ses élèves, Ezra Stiles Gannett, n'oublieront jamais la dignité calme, la sagesse pratique, la loyauté délicieuse, la sympathie amicale, qui lui assuraient plus que du respect, une véritable vénération. Cet esprit clair et vigoureux avait horreur de tout compromis avec la vérité comme avec les hommes. » Tel était le théologien qui allait former désormais les ministres de l'église nationale. Les orthodoxes crièrent au scandale et établirent à Andover une école de théologie qui ne devait jamais atteindre à la célébrité de sa rivale. En même temps, ils commencèrent à bâtir des temples pour les exilés volontaires des congrégations libérales, et, là où ils étaient en majorité, comme dans le Connecticut et le New-Hampshire, ils improvisèrent des juridictions ecclésiastiques qui expulsaient de la chaire les ministres libéraux. Une tentative fut même faite pour introduire cette procédure dans le Massachusetts, où le libéralisme avait son quartier-général, mais elle échoua et ne servit qu'à précipiter l'éclosion du schisme.

On était alors en 1815 ; W.-E. Channing avait trente-cinq ans. Il desservait, depuis plus de douze ans déjà, une des paroisses les plus libérales en même temps que les plus fashionables de Boston. Ses antécédents, sa disposition d'esprit, l'ampleur même de sa conception religieuse le prédisposaient à de grands ménagements pour préserver l'unité historique des vielles congrégations puritaines. Mais une accusation d'hypocrisie que le docteur Morse avait ouvertement lancée à l'adresse des ministres libéraux l'amena à revendiquer hautement la dénomination d'unitaire et bientôt à prendre la tête du mouvement réformateur. Toutefois ce fut seulement quatre années plus tard qu'il prononça à Baltimore le fameux sermon considéré comme le manifeste constitutif de l'unitarisme américain. « Aucun sermon antérieur ou ultérieur, dit un des meilleurs historiens de cette période, M. W.-C Cannett, n'a probablement causé autant de sensation en Amérique. » Après avoir déclaré qu'il acceptait « sans réserve et sans exception » toutes les doctrines *clairement* enseignées par les écritures, Channing réclamait le droit « d'en chercher le sens de la même manière qu'on le fait pour les autres livres, » c'est-à-dire par l'exercice constant de la raison. « C'est au tribunal de la raison, disait-il formellement, que Dieu laisse le soin de décider la vérité de la révélation. » Partant de ce principe, il répudiait les dogmes favoris du calvinisme pour réduire les enseignements essentiels de l'Écriture à l'unité de Dieu, à l'immortalité de l'âme, à la mission régénératrice de Jésus, à la perfection morale et au gouvernement paternel du Créateur. Enfin, après un éloquent tableau des vertus chrétiennes, il soutenait que le vrai christianisme consistait bien plus dans la pratique de ces vertus que dans l'adhésion à un *Credo* quelconque. « A tous ceux qui m'écoutent, concluait-il, je dirai avec l'apôtre : Éprouvez toutes choses, attachez-vous à ce qui est bon. — Ne reculez pas mes frères, par crainte de la censure et de la dénonciation des hommes, devant le devoir d'examiner vous-même la parole de Dieu. N'allez pas croire que vous puissiez impunément adopter sans examen les opinions généralement admises autour de vous, par le motif que le christianisme est maintenant tellement purifié d'erreurs qu'il n'exige plus de pénibles recherches... Il reste encore *beaucoup de chaume à brûler*, beaucoup d'impuretés à enlever, beaucoup de brillantes décorations, dont un faux goût a couvert le christianisme, à faire disparaître ; il faut dissiper les brouillards de la terre qui l'ont si longtemps enveloppé comme d'un linceul pour que ce divin édifice puisse s'élever devant nous dans sa majesté véritable et imposante, avec ses proportions pleines d'harmonie, sa splendeur douce et céleste. Cette glorieuse reforme dans l'église, nous l'attendons, avec l'aide de Dieu, du progrès de l'esprit humain, du progrès moral de la société, de la diminution des préjugés et du bigotisme qui en sera la conséquence, et enfin, ce qui n'est pas le moins important, du renversement de l'autorité humaine en matière religieuse, de la chute des hiérarchies et des autres institutions humaines qui oppriment sous le poids des nombres les esprits des individus et perpétuent une domination papale dans l'église protestante. » On a dit avec raison que ce discours marquait une époque dans l'histoire religieuse de la société moderne. Sans doute, on avait vu ailleurs des chrétiens proclamer la nécessité de mettre la foi d'accord avec les progrès de la raison ; mais jamais, depuis la fondation du christianisme, chef d'église n'avait répudié aussi hautement toute intolérance sectaire, déclaré aussi ouvertement la guerre à toute forme d'orthodoxie. Calvin avait mis, — ou replacé, — la démocratie dans le christianisme ; Channing y introduisait la liberté.

Depuis l'origine, la Nouvelle-Angleterre n'avait généralement eu qu'un temple et un pasteur par commune. Dès ce moment, les anciennes congrégations se dédoublèrent de toutes parts. Boston, qui s'affirmait depuis longtemps déjà comme la capitale intellectuelle des Etats-Unis, était presque entièrement conquise aux idées nouvelles. Dans le Massachusetts, cent vingt-cinq congrégations rompirent avec le calvinisme et, parmi elles, les trois premières églises que les « pères pèlerins » avaient fondées sur les rivages de l'Amérique. A ce chiffre il convient d'ajouter les nombreuses églises libres qu'à l'instar des calvinistes, les unitaires ne manquèrent pas de fonder partout où ils avaient dû quitter l'église officielle. Dans les états voisins, le mouvement fit des progrès moins sensibles, mais des congrégations, qui devenaient autant de centres pour la propagande, s'établirent successivement à Baltimore, à New-York, à Charleston, à Philadelphie, à Washington et jusque dans les villes de l'Ouest. En 1825, fut fondée à Boston, — malgré les répugnances de ceux qui craignaient, en se donnant une organisation ecclésiastique, de marcher à la constitution d'une orthodoxie, — l'*American unitarian Association* « pour répandre la connaissance et favoriser les progrès du pur christianisme. »

En résumé, la réforme unitaire représentait une double tentative : d'une part, pour donner au christianisme une forme plus humaine, plus rationnelle, plus conforme aux exigences du siècle ; d'autre part, pour substituer, dans la formation des églises, la communauté des sentiments religieux à l'identité des croyances dogmatiques. De ces deux caractères, le premier, qui paraissait aux contemporains le plus audacieux, était en réalité le moins important pour l'avenir de l'unitarisme. En supprimant la base théologique de l'église, les unitaires donnaient à la religion l'élasticité nécessaire pour s'accommoder de toutes les transformations que pouvait exiger le développement ultérieur des connaissances scientifiques ; ils en faisaient une religion indéfiniment progressive, comme l'esprit humain lui-même. Leurs innovations doctrinales, au contraire, — si radicales qu'elles fussent pour l'époque, — ne pouvaient représenter qu'un état transitoire, un *moment* dans l'évolution religieuse des esprits. En effet, Channing et ses coreligionnaires restaient fidèles à la théologie que Locke avait mise en faveur parmi les églises protestantes. D'après cette école, puisque toutes nos conceptions proviennent des sens et que ceux-ci sont incapables de nous donner l'idée de l'être infini et absolu,

Dieu n'a pu se faire connaître à l'homme que par une révélation surnaturelle. Or c'est l'Écriture sainte qui nous fournit cette révélation dont l'authenticité est suffisamment attestée par l'accomplissement des prophéties et par l'intervention des miracles. Seulement c'est à la raison d'interpréter et de préciser, à l'aide de ses procédés habituels, le sens et la portée de la révélation.

On saisit aisément le point faible de cette argumentation, qui reposait tout entière sur la validité des témoignages historiques en faveur des miracles. Mais il faut se rappeler qu'au commencement de ce siècle tout était à créer dans l'exégèse biblique, et d'ailleurs les premiers unitaires du Nouveau-Monde, absorbés par leur lutte contre le calvinisme, avaient assez à faire d'extirper les superfétations parasites de la révélation primitive. C'est à l'heure où cette controverse commençait, à s'apaiser, par l'effet d'une lassitude réciproque, qu'arrivèrent simultanément d'Allemagne les premiers résultats d'une critique religieuse désormais émancipée du dogme et les théories idéalistes de l'école de Kant, alors dans tout l'éclat de sa popularité. Le mouvement d'idées que ce double levain suscita parmi les unitaires de la seconde génération ne tendait à rien moins qu'à fonder une religion nouvelle sous le couvert du christianisme. Nous voulons parler de la doctrine à laquelle les Américains donnèrent le nom de *Transcendentalism*.

Chapitre II

L'ancienne école sensualiste faisait de l'âme une table rase, un miroir qui se borne à réfléchir les impressions transmises par les sens. Kant combattit cette psychologie négative dans sa *Critique de la raison pure*, en montrant que l'esprit humain possédait une organisation propre, innée, indépendante de l'expérience et nécessaire à la formation même de la pensée. Cependant, de ce que la raison arrivait ainsi à saisir, sous forme de conceptions *transcendantales*, — c'est-à-dire dépassant la sphère de l'expérience, — les idées d'absolu, d'infini, d'idéal, il ne déduisait pas nécessairement l'existence réelle d'entités correspondantes. Fichte, son disciple, s'avança plus loin encore dans les voies de l'idéalisme subjectif, puisqu'il affirma notre impuissance à rien connaître avec certitude en dehors de notre esprit et de ses lois. Jacobi, au contraire, et surtout Schelling, conclurent du fait de nos conceptions intimes à la réalité objective, tant du monde spirituel que du monde sensible. Ensuite Schleiermacher, plaçant l'origine de la religion dans le sentiment de notre dépendance vis-à-vis de l'absolu, s'efforça de retremper aux sources de la révélation individuelle la foi dans les dogmes du christianisme, sans voir qu'il les sapait dans leur base par sa doctrine de la communication directe entre l'âme et Dieu. Après avoir conquis l'enseignement universitaire, renouvelé la théologie et illuminé la littérature allemande, l'idéalisme transcendantal passa en France, où Cousin l'enchâssa dans sa brillante mosaïque sous le nom de *raison impersonnelle*, ainsi qu'en Angleterre, où Coleridge s'en fi l'apôtre, Carlyle l'historien et Wordsworth le poète. Mais, si considérable qu'ait pu être son action sur le développement de la pensée européenne pendant la période littéraire la plus féconde et la plus enthousiaste de notre siècle, rien n'est comparable à l'influence qu'il exerça dans toutes les sphères de l'activité intellectuelle, religieuse, et même sociale de la Nouvelle-Angleterre.

C'est par les œuvres de Coleridge et de Carlyle qu'il pénétra aux États-Unis, dès le premier tiers de ce siècle. L'intérêt qu'il y excita conduisit les écrivains les plus distingués de Boston à étudier l'allemand et le français, pour commenter de première main Jacobi, Fichte, Schelling, Herder, Schleiermacher et de Wette, en même temps que Cousin, Jouffroy et Benjamin Constant. Philosophique au début, le mouvement ne tarda pas à devenir exclusivement religieux. Dès 1835, James Walker, professeur de morale à l'université de Harvard, faisait le procès à la méthode sensualiste de la théologie dominante et préconisait le recours à une philosophie « qui rappelle sans cesse nos relations avec le monde spirituel. » La nouvelle méthode devait surtout séduire les esprits qui avaient poussé le plus loin l'œuvre de démolition entreprise par l'exégèse moderne sur les dogmes du christianisme. Les seules traditions que les unitaires avaient laissées debout pour servir de base à leur système religieux, — la préexistence du Christ et l'authenticité des miracles, — commençaient à être ébranlées par les progrès incessants du libre examen. Comment donc les esprits désireux de sauvegarder les fondements de leur foi, dans ce naufrage général des dogmes, n'auraient-ils pas accueilli avec empressement une doctrine qui, en étendant à chaque homme le privilège d'une communication directe avec l'litre divin, permettait de réduire à des proportions humaines la personne de Jésus, sans lui enlever le prestige de l'inspiration ? Comment n'auraient-ils pas été séduits par l'ingénieuse hypothèse d'un sixième sens, qui, ouvert sur le monde spirituel, rendait inutile l'intervention des miracles pour établir l'existence de Dieu et l'immortalité de l'âme ?

On peut dire que le transcendantalisme se présentait à la fois comme le complément et le correctif de la réforme unitaire. Celle-ci était avant tout une religion de tête, le produit d'one tendance critique et négative ; sa théologie, pour autant qu'elle en eût une, s'était formée par voie d'ablation, en retranchant successivement de la tradition chrétienne les dogmes condamnés par le libre examen. Le transcendantalisme procédait par voie d'affirmations nettes et positives. Il prenait pour point de départ l'existence d'une faculté spéciale qui permettait à l'esprit humain de saisir directement les réalités spirituelles. Regardant comme « des faits de conscience » les trois grands axiomes du spiritualisme, — Dieu, l'immortalité, le devoir, — il les plaçait sur des fondements que la raison elle-même proclamait en dehors de toute expérience et de toute démonstration. Ainsi retranché dans les profondeurs de la conscience et dans les espaces de l'idéal, il trouvait aisément accès aux sources du mysticisme, qui, par un singulier phénomène chez un peuple aussi positif, ne semblent jamais taries dans l'esprit américain. Enfin, par sa doctrine de la raison impersonnelle, il rentrait dans la conception si profondément aryenne du Verbe néo-platonicien, que les unitaires avaient supprimée du christianisme pour s'en tenir au strict monothéisme des premiers évangélistes, et il se rapprochait par là des sectes mystiques fondées dans le protestantisme sur le principe de l'*illumination* intérieure, sauf qu'il étendait à tous les hommes le privilège de l'inspiration que ces sectes voulaient réserver aux adeptes d'une religion déterminée. — « Le transcendantalisme, a dit son principal historien dans la Nouvelle-Angleterre, M. O.-B. Frothingham, convenait bien mieux à un évangile qu'à une philosophie. Il possédait ce caractère d'indétermination et de mystère qui captive l'imagination et qui se prête tant à des actes de contemplation et de culte. La piété était un de ses traits distinctifs ; il aimait les hymnes, la musique, le langage inspiré, les états de prostration et d'humilité, les emblèmes, les symboles, l'expression d'une émotion inarticulée, le silence contemplatif, l'aspiration à la communion avec l'infini. »

Il s'en fallut pourtant que l'unitarisme entier se jetât dans les bras de l'idéalisme allemand. Les unitaires de la première génération, qui voulaient s'en tenir aux positions conquises sur l'orthodoxie, et, en général, tous ceux qui ne se sentaient pas troublés dans leur croyance au surnaturel de l'Écriture, regardaient les progrès de la nouvelle méthode avec plus de défiance que d'enthousiasme. Les uns prédisaient qu'il en sortirait de funestes déchirements au sein de l'unitarisme, les autres que cette invasion de l'idéalisme amènerait, comme toujours, une réaction sceptique.

Channing lui-même, qui avait tant insisté sur l'autorité, la grandeur, la divinité de l'âme humaine, n'en écrivait pas moins, dans les derniers temps de sa vie, au docteur J. Martineau, que les transcendantalistes lui paraissaient marcher « vers la substitution de l'inspiration individuelle au christianisme. » Il y avait alors à Boston un jeune ministre qui venait de quitter sa congrégation, par scrupule de conscience, pour ne pas administrer plus longtemps le sacrement de la communion. C'était Ralph Waldo Emerson, l'*essayiste* qui a tenu pendant un tiers de siècle, de concert avec le poète Henry W. Longfellow, le sceptre de la littérature américaine. Dès son premier ouvrage, *Nature*, publié en 1836, il révéla ce vigoureux idéalisme qui l'a fait surnommer aux États-Unis le prince des transcendantalistes. A première vue, sa doctrine semble un simple rajeunissement de la philosophie néoplatonicienne. Dans la nature, il ne voit qu'un symbole de l'esprit, dans l'âme individuelle (*soul*), qu'une manifestation localisée, un prolongement de l'âme universelle (*oversoul*) : « C'est cette âme qui, lorsqu'elle souffle à travers notre intelligence, s'appelle génie, à travers notre volonté, vertu, à travers nos affections, amour. » Mais son panthéisme est essentiellement subjectif, en ce sens qu'au lieu d'absorber l'homme et la nature en Dieu, il tend plutôt à absorber la nature et Dieu en l'homme. Toute son œuvre n'est qu'une constante apologie de l'instinct individuel, de la spontanéité humaine, source de toute connaissance, de tout art, de toute vertu. C'est par là qu'il a évité les écueils ordinaires de mysticisme, et qu'il n'est resté étranger à aucune préoccupation de son pays et de son siècle.

Emerson était au début de sa renommée, lorsqu'il prononça en 1838, devant la faculté théologique de Harvard, le célèbre discours où le transcendantalisme s'affirmait pour la première fois en hostilité ouverte avec toutes les églises chrétiennes, sans en excepter les unitaires. L'orateur leur reprochait indistinctement d'avoir cherché le miracle, c'est-à-dire l'intervention de Dieu, ailleurs que dans le fonctionnement normal des lois naturelles, d'avoir défiguré par leurs exagérations compromettantes la personnalité de Jésus, « le seul esprit de l'histoire qui ait apprécié la valeur de l'homme, » enfin d'avoir négligé « l'exploration de l'âme humaine et de ses rapports avec l'esprit divin. » Le remède à ces défaillances, c'était « l'âme, et puis l'âme, et encore l'âme, » *first soul, and second soûl, and evermore soul.* « Je cherche le maître, concluait-il, qui verra dans le monde le miroir de l'âme, qui reconnaîtra l'identité de la loi de gravitation avec la pureté du cœur, qui enseignera que le devoir est un avec la science, la beauté et la joie. »

Cet appel fut entendu de tous les esprits que travaillait le ferment idéaliste. Ils eurent bientôt leur centre de propagande, le *Transcendental Club*, et leur organe, *the Dial* (le Cadran). Au premier rang de la jeune phalange, on remarquait un autre mystique, Bronson Alcott, fervent admirateur de Pythagore et de Platon, qu'il regardait comme les ancêtres directs de Kant et de toute l'école transcendantaliste ; George Ripley et James Freeman Clarke, qui avaient été les premiers à porter dans la chaire les doctrines de l'idéalisme allemand, mais l'un doué d'un tempérament plus réformateur l'autre, plus soucieux de ménager la tradition ; Samuel Longfellow, qui, sans atteindre à la renommée de son frère, a laissé une collection d'hymnes et de poésies fort estimées de ses compatriotes ; Orestes Brownson, ardent propagandiste, mais esprit instable, qui, d'abord ministre d'une congrégation presbytérienne, passa au rationalisme, puis à l'universalisme, et qui, non content de poursuivre ses transformations par le transcendantalisme le plus extrême, finit par chercher le repos mental au sein de l'église romaine ; William-Henry Channing, un neveu du fondateur de l'unitarisme, qui se fit au loin le missionnaire du nouvel évangile ; le futur colonel d'un régiment nègre dans la guerre de sécession, T. W. Higginson, qui représentait les tendances pratiques du mouvement, comme Samuel Johnson en personnifiait l'individualisme extrême, enfin C. A. Bartol, Furness, John Weiss, Pierpont, Noyes, et surtout Théodore Parker, l'apôtre et le prophète du transcendantalisme.

D'autre part, la fraction conservatrice de l'unitarisme avait pris l'alarme, et il se trouva des unitaires pour demander si on devait encore traiter Emerson de chrétien, absolument comme vingt ans plus tôt on avait agité la question de savoir s'ils appartenaient eux-mêmes au christianisme ou « à la religion de Boston. » Ce fut pis encore lorsqu'en 1841 Théodore Parker prononça à une cérémonie d'ordination, dans l'église unitaire de South Boston, son sermon sur l'*élément transitoire et l'élément permanent du christianisme.* L'élément permanent, c'étaient les grandes vertus religieuses et morales que Jésus, « ce type parfait de l'homme religieux, » avait puisées dans sa conscience en les vivifiant par son amour de l'humanité.

L'élément passager, c'étaient les rites et les doctrines du christianisme, y compris la croyance que la Bible renfermait une révélation spéciale et que la nature de Christ était unique dans l'histoire. Suivant M. W. Cannett, cette thèse eut autant de retentissement que le fameux sermon de

Channing prononcé à Baltimore vingt-deux années auparavant. Cette fois, on ne demanda plus si l'auteur était encore chrétien ; on le traita d'impie, de blasphémateur, d'athée ! L'*Association des prédicateurs de Boston* discuta si elle ne pouvait l'expulser de ses rangs. Comme les statuts s'y opposaient, on fit une démarche officieuse pour lui demander sa démission : « Je le regrette beaucoup pour l'association, répondit-il ; mais je ne puis prendre sur mes épaules l'*onus damnandi*. Ce serait avouer qu'il existe de bonnes raisons pour que je me retire… On m'a identifié, dans une certaine mesure, avec la liberté en matière religieuse. »

Certains membres songèrent alors à une dissolution de la société qui lui eût permis de se reconstituer sans l'auteur de tout ce scandale. Mais la voix de la modération prévalut, grâce aux sympathies plus ou moins avouées que Parker avait conservées parmi les ministres de la jeune génération et peut-être aussi à l'intervention d'Ezra Stiles Gannett, qui, bien qu'appartenant lui-même à la fraction conservatrice, avait une vive estime pour le caractère franc et loyal de son collègue. « Il n'entre pas dans nos vues, rappelait-il aux plus exaltés, de formuler des censures ecclésiastiques. Nous avons accepté, ou du moins nous avons dit que nous acceptions le principe du libre examen avec toutes ses conséquences. » L'association ne prit donc aucune résolution contre l'audacieux réformateur ; mais toutes les chaires de Boston lui furent désormais fermées. Cette situation se prolongea jusqu'en 1845, Les partisans de l'excommunié s'assemblèrent alors en meeting pour décider que « Théodore Parker aura une chance de se faire entendre à Boston. » — Ils lui louèrent une salle de concert, le Mélodéon, dans l'espoir qu'il y réunirait bientôt les éléments d'une congrégation. Dès les premières semaines, le chiffre des auditeurs dépassa toute attente, et leur persistance à reparaître chaque dimanche prouva que le succès du prédicateur n'était pas dû à un intérêt de curiosité, mais à l'attrait de ses doctrines. Au bout de six ans, la salle émit devenue trop petite et il dut s'installer dans un local plus vaste où, de 1852 à 1859, il publia la bonne nouvelle devant plusieurs milliers de fidèles, sans compter les conférences qu'il multipliait sur tous les points du pays.

Parker peut être considéré comme l'interprète le plus net et le plus logique des principes transcendantalistes. Il estimait que l'existence de Dieu, l'immortalité de l'âme et les commandements du de voir s'imposent directement à la connaissance humaine. « Le fait de connaître l'existence de Dieu, dit-il, peut s'appeler, dans le langage de la philosophie, une intuition de la raison, et, dans le langage mythologique de la vieille théologie, une révélation de Dieu. Ce fait ne repose sur aucun argument, il ne procède pas du raisonnement, mais de la raison... La croyance précède la preuve, car c'est l'intuition qui fournit la chose sur laquelle on raisonne. » Cette doctrine, Parker l'applique non-seulement, dans la théologie et dans la morale, mais encore dans la science et dans la politique. C'est elle qui inspire exclusivement son premier ouvrage, le *Discours sur des matières relatives à la religion*, aussi bien que son essai posthume sur le *Transcendantalisme*, et qui explique l'unité de sa vie comme l'importance de son rôle.

La prédication de Parker, qui s'étend de 1847 à 1859, correspond au principal épanouissement du transcendantalisme. Ce fut également l'âge d'or de Boston et, peut-on ajouter, de la littérature américaine. Le milieu de ce siècle a vu, sur l'étroit territoire du Massachusetts, une de ces merveilleuses floraisons qui se reproduisent rarement dans la culture morale d'un peuple. Channing s'était éteint en 1842 ; mais on peut dire que Parker l'avait dignement remplacé à l'avant-garde du rationalisme religieux.

A côté d'Emerson, philosophe et poète, Bancroft portait les principes du transcendantalisme dans l'histoire. Sumner dans le droit des gens, Alcott dans la pédagogie, Whittier dans la poésie, Margaret Fuller dans, la critique ; Oliver Wendell Holmes se révélait comme humoriste ; Prescott publiait son *Histoire de la conquête espagnole au Mexique* ; Hawthorne mettait dans le roman sa puissance d'analyse psychologique ; H.-W. Longfellow atteignait l'apogée de sa gloire. Enfin, le Massachusetts trouvait, pour l'envoyer au sénat de l'Union, Daniel Webster, le plus puissant orateur qu'aient produit les États-Unis. Nous ne citons guère que les noms dont l'écho est parvenu en Europe. Mais, à côté de ces illustrations, toute une armée d'écrivains, de conférenciers, d'orateurs apportaient leur contingent, soit aux publications littéraires et philosophiques qui se multipliaient à Boston, soit aux diverses associations qui s'y développaient pour la propagation de la tempérance, pour l'émancipation de la femme, pour l'extension de l'enseignement populaire, pour la suppression de la guerre, pour la réforme des prisons et surtout l'abolition de l'esclavage.

Dans ces nombreuses « agitations » il n'est pas difficile de constater l'influence du transcendantalisme, non-seulement parce que les adeptes de cette philosophie s'y trouvaient au premier rang, mais encore parce qu'elles étaient la conséquence directe et logique d'une doctrine attribuant à toute créature humaine les mêmes facultés et les mêmes droits. A la même influence se rattachent d'autres tentatives, plus ou moins heureuses, qui visaient à renouveler radicalement les principes de l'organisation sociale. Tantôt c'était George Ripley qui dépensait sa fortune à organiser une communauté libre sur le principe de la coopération ; tantôt c'était W.-A. Alcott, qui, prétendant renoncer aux charges comme aux avantages de la société actuelle, se faisait mettre en prison pour refus de payer ses impôts. Toute cette fièvre de réformes n'était du reste pas confinée au rationalisme. Des *réveils*, exaltant jusqu'au délire la ferveur des différentes sectes, passaient comme une vague sur toute l'Amérique protestante, et la Nouvelle-Angleterre fournissait sa quote-part aux excentricités du spiritisme, ainsi que du libre amour. Néanmoins, ce qui donne à cette période un caractère fort rare dans les temps de fermentation religieuse et sociale, c'est que le relâchement des mœurs ne coïncida pas avec la surexcitation des intelligences. — Le calvinisme, en perdant son autorité dogmatique, avait laissé dans les esprits sa forte discipline morale. L'unitarisme avait introduit le libre examen en matière de croyances, et le transcendantalisme s'était borné à y joindre l'enthousiasme des grandes choses.

Chapitre III

Parker mourut en Italie le 10 mai 1859, à la veille de la sécession, qu'il avait peut-être hâtée par l'énergie de sa propagande contre l'esclavage. On rapporte qu'au moment d'expirer, il murmura : « Il y a deux Parker maintenant. L'un s'éteint en Italie ; l'autre a jeté de profondes racines en Amérique. Il vivra là-bas ; il y finira son œuvre. » La prédiction du mourant s'est réalisée, mais peut-être pas dans le sens qu'il y attachait. Parker vit plus que jamais aux Etats-Unis par l'ascendant qu'exerce sur les imaginations et sur les caractères l'exemple de son inflexible fidélité à ses convictions, de son amour passionné pour le vrai et le juste, de sa foi inébranlable dans la conciliation de la religion et du progrès. Mais, quant à sa doctrine favorite, — sans admettre, avec certains de ses biographes les plus récents, qu'il mettrait aujourd'hui la même ardeur à préconiser la supériorité de la méthode expérimentale, — on doit reconnaître que la philosophie de l'intuition n'a point répondu aux dernières espérances de son prophète.

L'émancipation des esclaves fut le grand triomphe du transcendantalisme, mais ce fut aussi le commencement de son déclin. Il devait une grande partie de sa popularité à la tiédeur que presque toutes les églises établies avaient mise à combattre le fléau de l'esclavage. Quand cette odieuse institution s'effondra dans les flammes de la guerre civile, il perdit sa principale action sur une partie de ses adhérents. D'autre part, l'individualisme, qui était au fond de ses aspirations, fut toujours un obstacle sérieux à l'essor de sa propagande et au groupement de ses forces. Son but essentiel, suivant une expression de Samuel Johnson, était d'amener chaque individu à devenir une église par lui-même, ce qui revenait à condamner le principe même de toute organisation permanente sur le terrain religieux. La plupart de ses interprètes ne rompirent jamais complètement avec l'unitarisme qui avait servi de berceau à leurs doctrines, et, parmi les congrégations indépendantes que certains d'entre eux s'efforcèrent de constituer à l'imitation de Parker, on en trouve peu qui eurent une longue durée.

Enfin il représentait une réaction contre les exagérations de la méthode sensualiste, et, comme toutes les réactions, il dépassa le but. Non content d'affirmer l'importance de la psychologie, la nécessité de recourir à l'observation interne pour expliquer la formation de nos connaissances, l'aptitude de l'esprit à concevoir certaines notions qui ne peuvent être le produit exclusif de l'expérience sensible, l'existence d'une liberté morale et le caractère impératif du devoir, il avait prétendu trouver dans l'âme humaine une perception complète et infaillible de la vérité religieuse et morale. C'était prêter le flanc à un retour offensif du sensualisme, le jour où celui-ci, fort des prodigieuses découvertes réalisées par les sciences d'observation, prétendrait fournir la synthèse de l'univers. L'arme qui avait assuré la victoire à l'école de Kant sur les partisans de Locke, c'était la constatation dans l'esprit humain d'idées qui n'y sont pas introduites par l'expérience. Le néo-sensualisme de notre époque a déplacé le terrain de la controverse, en expliquant la présence de ces notions a priori chez l'individu par une transmission héréditaire des expériences accumulées dans le passé de la race. En même temps qu'il a ainsi battu en brèche l'autonomie de l'âme, il a remis en question, sinon l'intervention d'une cause première, qu'il relègue dans un passé hors d'atteinte, par la théorie de la conservation de l'énergie, — du moins la nécessité des causes finales, qu'il écarte par la loi de l'adaptation aux milieux et de la survivance des plus aptes. Sous cette forme rajeunie, il devait se répandre d'autant plus rapidement aux États-Unis qu'il y arrivait sous l'autorité des Darwin, des Tyndall et des Spencer.

On conçoit que cette revanche du sensualisme scientifique ne pouvait guère profiter aux anciens partisans du sensualisme théologique. Les transcendantalistes se rattachaient encore, dans une certaine mesure, à la tradition chrétienne. Emerson, dont les conservateurs contestaient le christianisme, faisait de Jésus le principal éducateur de l'humanité, et Parker, qu'on traitait d'athée, identifiait l'enseignement moral du Christ avec la religion absolue. La nouvelle école, au contraire, poursuivant jusqu'au bout son œuvre de destruction critique, dépouillait de toute auréole le fondateur du christianisme, qu'elle traitait sur un pied d'égalité avec Bouddha, Zoroastre, Moïse, Mahomet. A la fin de la guerre civile, l'unitarisme se trouvait donc plus que jamais partagé en deux fractions ; à gauche les libéraux, qui commençaient à accepter la dénomination de radicaux-, à droite, les conservateurs de la vieille école (*old fashioned unitariam*). Ceux-ci ne préconisaient peut-être plus avec autant d'énergie qu'autrefois les théories sociniennes sur la préexistence du Christ, mais ils continuaient à faire de la croyance en l'authenticité de la révélation la pierre angulaire du christianisme. Ceux-là, au contraire, soutenaient que la différence des opinions sur l'infaillibilité et même sur la valeur morale de la Bible n'était pas un obstacle à la fraternité religieuse.

En 1864, le docteur Bellows proposa de réunir les délégués de toutes les églises unitaires en une fédération permanente, pour donner plus d'unité à leurs œuvres de charité, d'instruction et de propagande. L'assemblée provisoire, composée de trois délégués par église et par association locale, se réunit à New-York dans les premiers jours d'août 1865. Mais les divergences reparurent lorsqu'il fallut arrêter les principes et le titre même de la nouvelle association. Finalement, après avoir repoussé une longue profession de foi rédigée au nom de l'extrême droite par M. A. Low, et adopté une déclaration portant que les décisions de principe n'engageaient pas la minorité, les délégués votèrent, peut-être par esprit de transaction, un préambule invoquant « l'obligation qui incombe à tous les disciples du Seigneur Jésus-Christ de prouver leur foi en vouant leur vie et leurs ressources au service de Dieu et à l'établissement du royaume de son Fils. » Cette phrase porta ombrage aux radicaux, qui y virent une déclaration d'allégeance au Christ, et, dans la session suivante, qui s'ouvrit à Syracuse le 10 octobre 1866, un de leurs représentant les plus distingués, M. Francis Ellingwood Abbot, proposa de substituer à ce préambule une déclaration portant que « l'objet du christianisme est la diffusion universelle de l'amour, de la droiture et de la vérité, » que « une complète liberté de penser est le droit et le devoir de tout homme, » enfin que l'organisation religieuse « doit être plutôt fondée sur l'unité d'esprit que sur la conformité de croyance. » En même temps, M. Abbot proposait de remplacer par les mots d'*églises indépendantes* ceux d'*églises chrétiennes* qui figuraient dans le titre de la conférence.

Peut-être que, l'année précédente, les propositions de M. Abbot auraient eu quelque chance d'être adoptées, car elles ne faisaient, en somme, que maintenir dans l'unitarisme un *statu quo* consacré par l'expérience d'un demi-siècle. Mais, après que la conférence avait arboré officiellement son drapeau, ce changement de nom et de programme n'eût pas manqué d'être représenté comme une répudiation du Christ et de toutes les traditions chrétiennes. La seule concession qu'elle se montra prête à accorder fut d'ajouter à son titre (*conférence nationale des églises unitaires*) les mots : *et des autres églises chrétiennes.* — C'était une avance aux universalistes et à toutes les congrégations libérales que leur développement intérieur avait peu à peu rapprochées des doctrines unitaires. Mais M. Abbot, ayant vu rejeter sa proposition, se retira de l'unitarisme, et, l'année suivante, il constituait à Boston, avec plusieurs de ses collègues libéraux, qui cependant ne crurent pas nécessaire de le suivre dans sa démission, la *Free religious Association*, qui avait pour but de réaliser, en dehors de toute communauté chrétienne, le programme repoussé par la conférence de Syracuse.

Il est certain que les unitaires manquaient de logique, alors que, d'un côté, ils proclamaient la souveraineté absolue de la raison et que, de l'autre, ils prétendaient s'identifier avec la croyance dans la supériorité religieuse et morale du christianisme. Il y avait donc place, pour une organisation plus large qui acceptât, jusque dans ses dernières conséquences, le principe du libre examen et qui restât ouverte non-seulement à « tous les disciples du Christ, » mais encore à « tous les disciples de la vérité, » — chrétiens, juifs, bouddhistes, mahométans, positivistes même, — pourvu qu'ils eussent en commua l'amour du vrai et le désir du bien. Les organisateurs de la « religion libre » ne leur imposaient le sacrifice. ni de leurs croyances particulières, ni même de leurs attaches avec d'autres associations religieuses ; tout ce qu'ils leur demandaient, c'était de s'unir « sur le terrain d'une communion spirituelle dégagée de toute intolérance dogmatique. » — L'article 1er des statuts donne pour but à l'association « de favoriser les intérêts pratiques de la pure religion, d'accroître la sympathie spirituelle (*fellowship in spirit*) et d'encourager l'étude scientifique du sentiment religieux, ainsi que de l'histoire religieuse. »

La première réunion, qui se tint à Boston, le 30 mai 1867, fut un grand succès pour les promoteurs du mouvement. A leur appel avaient répondu non-seulement un grand nombre de ministres et de laïques, appartenant à des congrégations unitaires, mais encore quantité de personnages connus, recrutés parmi les éléments libéraux des sectes les plus diverses, des universalistes, des *hicksites* (quakers progressistes), des juifs et même des spirites. L'association choisit pour président un ministre unitaire, qui devait fonder plus tard à New-York une congrégation indépendante, M. O.-B. Frothingham, et pour secrétaire un de ses collègues de New-Bedford, M. William J. Potter, qui allait bientôt être rayé de la liste officielle des ministres unitaires pour son refus de conserver le nom de chrétien.

Outre ses assises annuelles, consacrées à des discussions et à des *lectures*, l'Association religieuse libre a institué des séries de conférences dans différentes villes du pays et publié un grand nombre de brochures destinées à la propagande ; elle a pour organe l'*Index* de Boston, revue hebdomadaire qui, successivement dirigée par MM. Abbot, Potter et Underwood, mériterait d'être proposée comme modèle à toutes les feuilles de la libre pensée dans les deux mondes, tant pour l'attrait de ses articles que pour la largeur de ses idées et surtout l'élévation de son ton moral.

Depuis quatorze ans que la « religion libre » s'est constituée, elle a accompli une

œuvre à la fois positive et négative, —
négative, par sa propagande rationaliste, qui
mine de plus en plus les bases des sectes
dogmatiques ; — positive par ses efforts pour
assigner un but commun à l'activité religieuse
de ses membres. Parmi les mouvements
qu'elle a pour ainsi dire lancés, il faut signaler
la *Ligue libérale*, organisée en 1876, par M.
Abbot, pour obtenir la sécularisation complète
de la législation américaine. La séparation de
l'état et des églises n'est pas aussi absolue
chez les Américains qu'on se plaît souvent à
nous le dire. Sans doute les communautés
religieuses se gouvernent à leur guise et,
d'autre part, l'autorité civile ne leur fournit
aucune espèce de subsides. Mais, bien que les
dernières églises d'état aient disparu depuis
plus d'un demi-siècle, les institutions
publiques sont encore fort imprégnées de
christianisme. — Le congrès et les législatures
d'état ont leurs chapelains, ainsi que la flotte,
l'armée et les prisons. On continue à lire la

Bible dans la plupart des écoles. Les biens-fonds affectés au service du culte sont soustraits à l'impôt dans une forte proportion. L'invocation à la Divinité est toujours obligatoire dans le serment judiciaire et même administratif. Les lois sur le blasphème n'ont jamais été formellement abrogées. Dans certains états, les tribunaux prêtent la main, tout au moins indirectement, à l'observation du repos dominical. En 1880, une cour a refusé de reconnaître, même comme obligation naturelle, une dette contractée le dimanche, et un voyageur blessé dans un accident de chemin de fer s'est vu refuser des dommages-intérêts, par ce considérant qu'il n'avait pas à prendre le train un jour du Seigneur.

Les réclamations de la ligue trouvèrent de l'écho jusque dans le clergé, parmi les citoyens désireux de réaliser dans toute sa plénitude le principe américain de la séparation entre l'état et les églises.

Malheureusement il existe, aux États-Unis comme ailleurs, des esprits ombrageux ou déréglés qui prennent le libertinage pour la liberté, — toujours prêts à confondre la religion et la morale avec les abus d'un régime ecclésiastique condamné par la marche du siècle. Au congrès de la *Ligue libérale*, tenu à Syracuse en 1878, ces radicaux, mêlés à quelques partisans du libre amour, qui s'étaient glissés dans l'association, trouvèrent une majorité pour inscrire au programme l'abolition totale des lois qui répriment la circulation de la littérature obscène, aussi bien que des publications antireligieuses. M. Abbot, qui avait vain ment cherché à maintenir une distinction entre ces deux ordres de délits, se retira alors de l'association, accompagné dans sa retraite par tous ceux qui sympathisaient avec le mouvement de la « religion libre. » La *Ligue libérale* essaya de se reconstituer sous la présidence du colonel Robert Ingersoll, le principal apôtre de l'athéisme aux États-Unis, conférencier éloquent et spirituel, un peu superficiel dans ses connaissances, mais d'une moralité hors de contestation. Cette fois encore, dans la session de 1880, les partisans de la liberté absolue firent prévaloir leurs opinions, et le nouveau président suivit l'exemple de M. Abbot. La *Ligue* ne s'est pas relevée de ce coup.

Chapitre IV

Au point de vue doctrinal, la « religion libre » part de ce principe que nous avons des sentiments religieux et que ces sentiments doivent être développés en harmonie avec toutes nos facultés intellectuelles et morales, pour le plus grand bien de l'individu et de la société. Elle recommande donc à ses adeptes l'étude scientifique des éléments qui forment le fonds commun de toutes les religions, ainsi que la recherche impartiale des vérités qui établissent la position et la destinée de l'homme dans l'univers. Quant à se prononcer entre les systèmes religieux, les méthodes, et les définitions mêmes qui se réclament du libre examen, elle ne pourrait l'entreprendre sans faillir à l'esprit de son rôle. Aussi la *Free religious Association* s'est-elle contentée d'offrir une tribune libre, pour le développement et l'échange de leurs idées, à tous ceux qui prétendaient fournir quelque solution rationnelle des problèmes religieux, et, sous ce rapport, on peut dire qu'elle a comblé une véritable lacune dans la société américaine.

Dans le petit nombre d'églises locales qui se sont fondées sous les auspices de la religion libre, on en remarque une, à Dorchester, dans le Minnesota, qui est dirigée par une dame, Mrs Clara Bisbee. Cette congrégation compte une cinquantaine de familles recrutées surtout parmi les unitaires, les épiscopaux et les spirites. On aura une idée de la louable activité qui distingue la ministresse quand on apprendra, d'après l'*Index* du 29 juin 1882, qu'elle conduit l'office, tient l'orgue, dirige le chœur, prononce le sermon, préside à l'école du dimanche pour les enfants et donne un cours d'histoire des religions à une classe d'adultes.

— Une autre congrégation « religieuse libre, » celle de Providence, dans l'état de Rhode Island, a obtenu, en 1881, pour son ministre, le droit de conclure des mariages légaux, privilège réservé jusque-là aux ministres régulièrement ordonnés d'une communion religieuse, ainsi qu'aux juges de la cour suprême. A ce propos, il s'est engagé entre le ministre de la *Free religious Congregation*, M. F. a Hinckley, et les commissaires chargés par la législature locale de s'assurer si la « religion libre » était bien une religion, un dialogue qui jette un jour assez curieux sur l'attitude adoptée par les adeptes du nouveau culte vis-à-vis des questions théologiques proprement dites. Comme les statuts de la congrégation lui assignaient exclusivement pour objets « la pratique de la vertu, l'étude de la vérité, et la fraternité de l'homme, » le président de la commission fit observer qu'il ne pouvait découvrir à qui s'adressait le culte des pétitionnaires. — *Le Rév. F. A. Hinckley* :

« Comme individus, nous représentants toutes les nuances du libre examen ; mais, comme association, nous avons un élément de culte distinct. Tous les esprits sensés reconnaissent un pouvoir en dehors et au-dessus de nous (*a Power over and above us*). Nous prétendons reconnaître le grand principe des choses, quand nous reconnaissons ce pouvoir, bien que nous ne le reconnaissions pas de la même façon que les autres églises. — *Un membre* : — Qu'adorez-vous ? — *Le Rév. Hinckley* : — Je suis tout disposé à vous le dire, mais je ne pense pas qu'il rentre dans les attributions de l'état de définir ce que les hommes doivent ou peuvent adorer. — *Le membre* : — J'ai compris que vous disiez l'autre jour ne reconnaître ni Dieu, ni Christ, ni Bible. — *Le Rév. Hinckley* : — Ce que j'ai dit, c'est que nous ne pouvions les reconnaître comme le font les confessions de foi. Nous reconnaissons un pouvoir s'exerçant sur les hommes et au-dessus d'eux. — *Le membre* :

— Ce que vous nommez un Pouvoir est ce que d'autres nomment Dieu. — *Le Rév. Hinckley* : Ici vous commencez à définir. Dès ce moment, vous trouvez des divergences inconciliables, aussi bien dans les églises qu'en dehors d'elles. » — Il faut mentionner que les pétitionnaires avaient obtenu l'appui de plusieurs ministres appartenant aux églises épiscopales, congrégationalistes et unitaires de la ville. On voit que l'esprit de tolérance religieuse n'a pas dégénéré dans l'ancienne colonie de Roger Williams.

Aux congrégations qui se sont directement fondées sur les principes de la « religion libre » il convient d'ajouter certaines communautés indépendantes de toute dénomination religieuse, comme la première congrégation de New-Bedford, qui prit parti pour son ministre, M. William J. Potter, lorsque celui-ci fut rayé des rôles de l'unitarisme. Cette église, fondée par les puritains au commencement du XVIIIe siècle, passe pour la première congrégation d'origine calviniste qui ait ouvertement arboré l'étendard unitaire ; car sa rupture avec l'orthodoxie date de 1810, c'est-à-dire de neuf années avant le discours de Channing qui donna le signal définitif du schisme. Il serait assez intéressant de suivre le mouvement d'idées qui a conduit ainsi, du calvinisme le plus strict au libéralisme le plus absolu, une congrégation placée dans les conditions ordinaires des églises américaines. Les différentes étapes de cette évolution pourraient s'y constater, rien qu'aux modifications successives du rituel : l'élargissement de la profession de foi imposée aux communiants ; — la disparition de toute distinction entre les communiants et les non-communiants, entre les membres de l'église et les membres de l'association civile ; — la transformation du sacrement de la communion en cérémonie commémorative de la fondation du christianisme ; — le remplacement du symbolisme chrétien par un service en l'honneur de tous les grands réformateurs religieux et sociaux.

Bien qu'indépendante de la *Free religions Association*, « Société pour la culture éthique, » de New-York, mérite également de figurer au premier rang parmi les associations qui ont arboré le drapeau de la religion libre. Son ministre, ou plutôt son directeur, M. Félix Adler, a même présidé de 1880 à 1882 la *Free religious Association*, dont il représente surtout les tendances moralisatrices et humanitaires, c'est-à-dire la partie du programme précédemment cité qui vise les intérêts pratiques de la religion. On ne peut se dissimuler qu'une des éventualités les plus menaçantes pour l'avenir des sociétés contemporaines, c'est que l'affaiblissement des religions positives ne compromette l'ascendant d'une morale si longtemps liée à leurs dogmes. Les rationalistes ont vu le péril aux États-Unis comme en Europe ; mais, tandis qu'ici ils se sont appliqués à constituer la morale sur des principes indépendants de la religion, là, ils s'efforcent de lui subordonner cette dernière. Telle est du moins la tendance dont le professeur Félix Adler est aujourd'hui le plus brillant interprète. M. Adler est un jeune homme dont la physionomie mystique rappelle certaines têtes d'apôtres. Son père remplissait les fonctions de rabbin à la principale synagogue de New-York. Lui-même était destiné au sacerdoce, mais, envoyé en Allemagne pour compléter son éducation, il y acquit des convictions rationalistes qui lui fermèrent la carrière paternelle. Dès son retour aux États-Unis en 1873, il accepta une chaire à l'université de Cornell, qu'il quitta, trois années plus tard, pour établir à New-York une nouvelle association religieuse sous le titre de *Society for ethical culture*. En philosophie, M. Adler se rattache personnellement à l'école intuitive, puisqu'il croit à l'existence dans l'esprit humain de certains éléments antérieurs et supérieurs à toute expérience individuelle ou même héréditaire. Mais, sur le terrain de la métaphysique, il s'en tient strictement aux postulats de Kant, sans attribuer de réalité objective à la notion de Dieu et de l'immortalité. « Je n'accepte pas le théisme, dit-il dans une de ses conférences, mais les fondations peuvent très bien survivre à l'édifice et servir à quelque construction nouvelle. Je me rattache de toutes mes forces aux fondations du théisme : d'abord la négation du hasard, c'est-à-dire la conviction qu'il y a de l'ordre dans le monde, ensuite la conviction que cet ordre est bon, c'est-à-dire qu'il y a du progrès dans le monde. » Dès lors ce n'est plus Dieu, mais la loi morale, qui devra être l'objet de la religion. Cette religion, de plus, sera éminemment pratique : « Alors que la divergence des croyances continuera à s'accentuer, il semble nécessaire de placer la loi morale là où elle ne peut être discutée, — dans la pratique. Les hommes se sont si longtemps disputés sur l'auteur de la loi qu'elle-même est restée dans l'ombre. Notre mouvement est un appel à la conscience, un cri pour plus de justice, une exhortation à plus de devoirs. »

C'est sur ces principes que M. Adler a organisé son association de New-York avec le concours des esprits les plus avancés du judaïsme américain. Peu à peu, des « gentils » s'y sont joints, attirés tant par la réputation grandissante du jeune réformateur que par la largeur de ses idées, et, depuis quatre ans, l'association a dû s'installer dans un local plus vaste. Elle forme actuellement une des « congrégations » les plus nombreuses de New-York. Ses « offices, » qui ont * lieu le dimanche matin, ne se composent que d'une conférence entre deux points d'orgue ; Mais, après la sortie du public, les membres se constituent en réunion privée pour s'occuper des différentes œuvres sociales qu'ils ont fondées, — notamment une école du dimanche pour l'enseignement de là morale, — *un Kindergarten*, d'après la méthode Frœbel, — une école industrielle avec un musée technique, — enfin un service de secours à domicile dans les quartiers pauvres. — La réussite de ces œuvres a été un nouveau moyen de propagande pour l'association, qui s'est fait ainsi estimer des esprits même les plus hostiles à ses principes.

Il ne faudrait pas limiter l'influence de la religion libre aux sociétés qui ont accepté son nom ou son patronage. La *Free religious Association* est devenue pour l'unitarisme ce que l'unitarisme lui-même a été pour les autres communions religieuses, — un levain de liberté intellectuelle. — Les unitaires comptent aux États-Unis, d'après leur annuaire de 1880, trois cent quarante-quatre congrégations, trois cent quatre-vingt-dix-neuf ministres (dont trois du sexe féminin), deux facultés de théologie, l'une à Harvard, l'autre à Meadville, une revue mensuelle et de nombreux recueils hebdomadaires, plusieurs asiles et quantité d'œuvres religieuses ou d'œuvres philanthropiques. On pouvait craindre qu'après le départ de MM. Abbot, Potter, etc., la conférence nationale ne penchât davantage encore à droite. Mais, après quelques tâtonnements, la majorité refusa de se laisser entraîner plus loin dans la voie du dogmatisme. Quelques-uns des réactionnaires les plus ardents se retirèrent alors à leur tour, notamment le révérend Hepworth, qui fonda à New-York une congrégation indépendante sur les confins de l'orthodoxie. Cette disparition des éléments extrêmes, en enlevant sa principale vivacité à la controverse qui se poursuivait depuis la fondation de la conférence, permit à l'unitarisme de concentrer son activité dans des préoccupations pratiques qui devaient forcément le rapprocher du terrain choisi par la *Free religious Association*. Celle-ci compte parmi ses membres plus de trente ministres unitaires. Quelques-uns de ces derniers vont jusqu'à mettre parfois leurs chaires à la disposition d'un *agnostique* tel que M. Adler, d'un *séculariste* tel que M. Holyoake, le président de la *British secular Union*, enfin d'un rabbin libéral tel que M. Gottheil, de New-York. Pour figurer sur le rôle de la conférence nationale, il suffit désormais de se dire chrétien à la façon du révérend Chadwick, qui étend cette dénomination à tous les esprits issus du développement de la civilisation chrétienne. Enfin, dans sa session de septembre 1882, la conférence a voté un nouvel amendement portant que « les déclarations de notre constitution, bien qu'elles représentent convenablement (*fairly*) les opinions de la majorité de nos églises, ne constituent pas un corps de doctrine obligatoire, dans l'unitarisme et n'ont pas été rédigées pour exclure de. notre communion aucun de ceux qui, tout en différant de nous par leurs croyances, sont cependant en sympathie générale avec nos projets et nos buts pratiques. »

Quoique les états de la Nouvelle-Angleterre soient restés le quartier-général de l'unitarisme, il ne s'y est pas maintenu en rapport avec l'accroissement de la population. A Boston même, bien qu'il y possède une trentaine de congrégations, il n'a guère pénétré dans la classe inférieure, où la prédominance des émigrés irlandais a considérablement développé les forces du catholicisme, et il se voit disputer la classe supérieure par l'église épiscopale, qui devient de plus en plus le culte fashionable des États-Unis. Du reste, Boston elle-même a cessé d'être le centre exclusif de la culture intellectuelle, *the hub of the universe*, comme disaient ironiquement ses voisines, moins favorisées dans le domaine de l'intelligence. D'une part, l'invasion du luxe et de la frivolité sociale a quelque peu entamé la simplicité des mœurs et la soif des jouissances morales qui y avaient survécu au rigorisme de la théologie calviniste ; d'autre party ; New-York, Saint-Louis, Chicago et d'autres villes encore, de grandeur récente, commencent à lui disputer le monopole des lettres et la direction de la pensée américaine.

Heureusement pour l'unitarisme, celui-ci a trouvé un champ d'exploration fertile dans les états de l'intérieur, où il répondait à la fois au double besoin de liberté intellectuelle et de culture religieuse. On ne doit pas s'étonner s'il y a pris des allures plus indépendantes encore que dans les états de l'Est. La *Conférence des unitaires de l'Ouest* a omis dans sa constitution le préambule qui avait provoqué de si regrettables dissensions dans la conférence nationale de 1865. Son principal organe, *Unity*, rédigé avec une grande largeur de vues par le révérend Jenkins L. Jones, a pris pour mot d'ordre la devise même de la religion libre : « Liberté, moralité et fraternité en religion (*Freedom, character and fellowship in religion*). » De nombreuses églises et même des groupes entiers de congrégations, tels que les *Conférences des unitaires du Michigan et du Kansas*, la *Fraternité des sociétés religieuses libérales d'Illinois*, etc., se déclarent ouvertes « à tous ceux qui croient pouvoir y accomplir ou en retirer quelque bien. »

Le courant d'idées qui a ainsi émancipé l'unitarisme s'est fait sentir également dans plusieurs autres sectes. La fraction progressiste des quakers (*progressive friends*), qui tient sa session annuelle à Longwood, en Pensylvanie, a absolument adopté le programme de la a religion libre », » s'il faut en juger par la plate-forme de leur dernière assemblée générale.

« L'objet de cette réunion, y est-il dit, est de favoriser la religion identifiée au bien physique, moral et spirituel. Indépendants de tout dogme, nous faisons fraternellement appel au concours de tous ceux qui désirent rendre le monde meilleur et qui estiment la vérité plus qu'aucun dogme ou aucune secte. » — Les universalistes, qui doivent leur origine à une protestation contre l'éternité des peines et qui passent pour avoir un millier de congrégations, possèdent également un parti avancé qui fraternise avec le mouvement de la a religion libre. » — On peut en dire autant des communautés spirites qui abondent dans l'Ouest et qui, d'après M. O.-B. Frothingham, compteraient bien un million d'adeptes. Toutefois, il ne peut s'agir du spiritisme tel que nous le connaissons en Europe, s'il faut en juger par cette définition d'un de ses plus chauds défenseurs, M. Giles B. Stebbins : « Tout spirite est de nécessité un adepte de la a religion libre, » parce que la philosophie spirite, dans sa largeur et son éclectisme, ne connaît ni limites, ni barrières, n'admet d'autre autorité que les intuitions de l'esprit humain, les vérités de l'expérience et les résultats de l'observation scientifique. »

Enfin une fraction importante du judaïsme, — tout en refusant de renoncer à sa dénomination historique, pour ne pas avoir l'air de répudier le nom de ses ancêtres, devant un préjugé social qui persiste jusque dans le Nouveau-Monde, — a saisi cette occasion de se rencontrer, sur le terrain pratique de la fraternité religieuse, avec les forces intellectuelles et morales d'une civilisation qu'elle s'est désormais complètement assimilée. Il s'agit des juifs « réformés, » chaque jour plus nombreux aux États-Unis, qui n'ont pas suivi M. Adler dans la religion de l'éthique, mais qui n'en ont pas moins rompu avec le dogmatisme de la synagogue. Cette réforme, qui débuta, au commencement de ce siècle, par la substitution de la langue vulgaire à l'hébreu dans les cérémonies du culte, en est successivement arrivée à l'abolition de toutes les prescriptions hygiéniques, ritualistes et sociales qui caractérisaient l'ancien judaïsme, ainsi qu'à l'abandon des dogmes condamnés par l'esprit moderne, tels que la croyance à l'accomplissement des prophéties. De nombreux rabbins contestent désormais l'infaillibilité de la Bible, et il y en a qui vont jusqu'à nier la personnalité divine, cette pierre angulaire des croyances sémitiques. Aussi le rabbin S.-W. Sonnesheim n'a-t-il pas hésité à proclamer, dans la septième session de la *Free religious Association*, que le judaïsme réformé correspondait pleinement au mouvement actuel de la « religion libre. »

Sans doute, les esprits positifs, qui n'ont ni le loisir, ni le goût d'approfondir la question religieuse, les conservateurs, qui, par défiance de l'inconnu, s'imposent de demeurer fidèles aux croyances de leurs pères, — les sceptiques, qui se bornent à voir dans le culte un élément de la vie sociale, nécessaire à l'éducation de la jeunesse et à la célébration des solennités domestiques, — en un mot, la grande majorité de la nation reste et restera longtemps encore attachée aux différentes formes du christianisme positif, d'autant plus que le clergé protestant, en Amérique surtout, ne cherche à imposer sa domination, ni dans la vie privée, ni dans la vie publique. Mais, même parmi les sectes orthodoxes, on voit s'accentuer la tendance utilitaire qui a créé la « religion libre. » Tocqueville avait déjà observé qu'au lieu d'insister sur l'autre vie, les prédicateurs américains revenaient sans cesse à la terre et avaient, pour ainsi dire, grande peine à en détacher leurs regards. Qu'on lise aujourd'hui, dans les journaux américains du lundi, le résumé des principaux sermons prononcés, la veille, par des ministres des sectes les plus diverses, on sera surpris de voir le peu de place que la théologie y occupe en regard de la morale. La vieille théologie calviniste ne s'enseigne plus nulle part dans son intégralité. Même les flammes de l'enfer sont devenues un argument de mauvais goût, qu'on laisse volontiers aux prédicateurs des réveils et aux missionnaires du Far-West. « Nos *clergymen*, disait naguère un des chefs les plus respectés du parti républicain à New-York, Thurlow Weed, dans une réponse au colonel Ingersoll, ne s'arrêtent, ni ne s'appesantissent plus, comme autrefois, sur les côtés sombres de la théologie. De nos jours, leur ministère est un ministère de paix, de charité et de bienveillance. Cette génération apprend à aimer et à servir, plutôt qu'à tenir en défiance notre Créateur et notre Seigneur. » Ce seul fait qu'on a pu parler sérieusement d'une fusion entre la droite unitaire et la gauche orthodoxe prouve combien les lignes de démarcation entre les sectes tendent à perdre de leur rigidité et de leur précision. Toutes les dénominations protestantes comptent actuellement dans leurs rangs un parti qui vise à élargir l'interprétation de leurs dogmes et à étendre le champ de leur activité religieuse. Chez les méthodistes et les presbytériens, cette tendance se révèle par d'innombrables procès en hérésie intentés, devant les conférences et les synodes, à des ministres et même à des congrégations. Chez les épiscopaux, elle a amené le schisme de *l'église épiscopale réformée*, dirigée contre les idées libérales de la *broad church* autant que contre les innovations ritualistes de la *high church*. Mais elle s'est fait surtout sentir chez les congrégationalistes, qui n'ont pas d'autorité ecclésiastique pour maintenir parmi leurs églises une discipline et une foi uniformes. Le plus populaire de leurs prédicateurs, le célèbre Henry Ward Beecher, disait dernièrement dans un sermon sur le *doute religieux* : « Nul ne doit être compté parmi les infidèles qui voit dans la justice la grande fin de la vie humaine et qui cherche une soumission plus complète de sa volonté à son sens moral. » Ne croirait-on pas entendre M. Potter ou même M. Adler ? M. Beecher ayant du reste offert sa démission : en septembre dernier pour la raison qu'il avait cessé d'admettre les principaux, dogmes du calvinisme, sa congrégation, — une des plus nombreuses et des plus importantes de New-York, — a voté une résolution portant que, « après avoir entendu l'exposé complet et spontané des doctrines du révérend Beecher, il n'y avait pas lieu de se priver de ses services. » Il n'est pas jusqu'au catholicisme qui, en Amérique, ne cherche surtout à se faire valoir par ses bonnes œuvres, par l'étendue de ses charités, par la valeur de ses écoles et de ses pensionnats, s'associant au besoin avec le clergé des diverses sectes protestantes afin de poursuivre en commun quelque entreprise de moralisation, d'hygiène ou de bienfaisance.

L'Amérique est-elle donc à la veille de sacrifier la théologie et même la métaphysique sur l'autel du positivisme, afin d'instituer une religion comme en rêvait Comte, se donnant pour objets l'humanité et la vie terrestre au lieu de Dieu et de la vie future ? La conclusion serait téméraire. Il y a sans doute aux États-Unis un certain nombre d'esprits systématiquement hostiles à toute conception ontologique, comme à toute idée religieuse, qui proscrivent jusqu'à la mention de l'absolu et de l'inconnaissable, parce qu'ils y voient une avance à la théologie. Les uns se bornent à invoquer les propriétés primordiales de la matière pour fournir l'explication de tous les phénomènes. Les autres s'en tiennent encore aux critiques de Voltaire et de Hobbes, sans se douter que les progrès de la science ont profondément modifié les conditions du problème. C'est cette fraction que représentent le *Truth Seeker* de New-York et l'*Investigator* de Boston. Elle a pour quartier-général l'édifice érigé, dans cette dernière ville, à la mémoire d'un membre américain de la convention française, Thomas Paine, dont les écrits philosophiques, complètement oubliés en France, jouent encore dans les controverses religieuses des États-Unis un rôle exagéré à la fois par l'indignation de leurs : adversaires et par l'enthousiasme de leurs admirateurs. Mais le positivisme proprement dit, soit avec la sobre et sévère acception que Littré a donnée à la doctrine d'Auguste Comte, soit sous la forme plus ornementée du *comtisme*, qui a obtenu quelque succès en Angleterre, ne possède que peu d'adeptes aux États-Unis, malgré la faveur dont y jouissent les méthodes positives. L'Américain ne montre aucune prédilection pour le jeûne, même en métaphysique. Jamais la haute spéculation n'a pris plus d'essor que dans ces derniers temps aux États-Unis. On trouve, en dehors de la presse religieuse, — jusque dans des localités d'une culture secondaire, — des journaux dont le titre seul est suffisamment significatif, tels que le *Platoniste* d'Osceola, dans le Missouri, le *Journal de la philosophie spéculative*, de Saint-Louis, consacré à soutenir les doctrines de Hegel ; le *Journal religio-philosophique*, de Chicago, qui tirait dernièrement encore, dit-on, à neuf mille exemplaires.

De New-York à San-Francisco, de Chicago à Cincinnati, toute ville qui se respecte a son club ou son institut de métaphysique. Le plus célèbre est sans contredit l'école de philosophie ouverte en 1879 à Concord, dans le Massachusetts, par M. Bronson Alcott, avec une verdeur qui fait honneur aux quatre-vingts ans de ce vénérable néo-pythagoricien et aussi au régime végétal, dont il est par principe l'adepte fidèle depuis plus de quarante années. L'école de Concord semble une tentative pour reproduire, en pleine société américaine du XIXe siècle, les jardins de l'académie, où Platon et ses disciples discouraient sous l'ombrage des oliviers. Chaque été, au mois de juillet, une foule intelligente, venue de tous les points de l'Union vers la petite ville de Concord, se réunit dans une propriété de M. Alcott, la *Maison du verger* (Orchard House), où se donnent des cours ou plutôt des conférences libres sur la philosophie. La principale différence avec l'académie grecque, — toute à l'avantage de Concord, — c'est que la porte n'est point fermée au beau sexe, et il en profite largement, s'il faut en croire les relations qui lui attribuent les deux tiers d'une assistance évaluée l'an dernier à près de cent cinquante personnes. Il y a deux conférences par jour, l'une à neuf heures du matin, l'autre à sept heures et demie du soir ; dans l'intervalle, étudiants et étudiantes rédigent leurs notes, prennent leur repas à domicile ou se promènent dans les bois de pins en échangeant leurs observations sur les graves problèmes de notre destinée. Parmi les principaux conférenciers, on trouve, outre M. B. Alcott, le docteur Jones, fondateur des clubs Platons dans l'Illinois, le professeur Harris, éditeur du *Journal de philosophie spéculative*, Mrs Howe, Henry Channing, le professeur Emery, etc. ; Emerson lui-même s'y est fait entendre en 1880. Ces noms suffisent pour expliquer que la philosophie de Hegel domine presque exclusivement à Concord, bien que les fondateurs de l'école aient proclamé la liberté la plus absolue des opinions. C'est même un phénomène assez étrange du mouvement religieux aux États-Unis que cette renaissance de la doctrine hégélienne, à l'heure où, en Allemagne, la mort du professeur Rosenkranz a fermé la dernière chaire vouée à l'hégélianisme pur. Tel a été le succès croissant de l'œuvre fondée par M. Alcott que les orthodoxes ont cru de voir lui susciter une concurrence, en fondant il y a deux ans sur les mêmes bases, à Greenwood, près de New-

York, un « campement de philosophie chrétienne. »

Parmi les populations moins cultivées de l'Ouest, l'instabilité des croyances a pris naturellement une formé plus turbulente et plus agressive. Un membre de la *Free religious Association* rapportait, dans la session de 1881, qu'au Kansas on trouve, jusque dans les moindres localités, des groupes de libéraux, non-seulement étrangers à toute église (*unchurched*), mais encore ouvertement hostiles à toutes les formes existantes d'organisation religieuse. Dans la même séance, un autre orateur signalait, à propos du même état, l'existence de centaines de meetings en plein air, indépendant de toute secte, où accouraient « pour dire devant Dieu ce qu'ils ont dans l'âme et croient être la vérité, » des cultivateurs sortis de leur ferme, des hommes d'affaires délaissant leur cabinet, des femmes abandonnant les soins du ménage, tous « entraînés par une faim intérieure de nourriture spirituelle. » Ces deux renseignements n'ont rien de contradictoire ; ils se complètent plutôt l'un l'autre ; ils indiquent au même titre la soif d'une foi nouvelle chez ceux que ne satisfont plus les anciennes formes religieuses. C'est, en quelque sorte, le dernier terme de la désintégration, de l'émiettement que l'esprit du protestantisme n'a cessé de poursuivre au sein des églises dogmatiques et des confessions de foi ; mais il se pourrait aussi que ce fût l'inévitable transition entre deux courants de croyances.

Rapprochée de cette fermentation intellectuelle, la tendance qui fait reléguer la théologie au second plan de l'activité religieuse jusque parmi certaines églises orthodoxes, et qui a trouvé son expression la plus complète dans le programme de la *Free religious Association*, pourrait bien être, à son tour, un symptôme de l'interrègne religieux depuis longtemps prédit par Emerson. Il est probable, et on doit s'en féliciter, que la religion conservera à l'avenir le caractère éminemment pratique et humanitaire qui la distingue de plus en plus aux États-Unis. Mais les hommes auront toujours une propension à se grouper suivant leurs croyances, et déjà l'on entend, jusque dans les rangs de la *Free religious Association*, prédire le jour où une nouvelle synthèse religieuse s'imposera par la seule force de l'évidence à tous les adeptes de la « religion libre. »

Est-il possible de pressentir dès aujourd'hui où se puiseront les éléments de cette théologie nouvelle ? Selon M. W. Potter, les écoles actuellement rivales de l'intuition et de l'observation auront toutes deux un rôle à jouer dans la formation de la philosophie destinée à parfaire l'œuvre de la « religion libre. » Nous partageons avec M. Potter la conviction intime que les procédés de l'intuition auront leur mot à dire dans les développements futurs de la psychologie, et nous sommes loin de contester l'influence heureuse et durable que le transcendantalisme a exercée sur l'esprit public de la nation américaine. Nous ne pouvons néanmoins nous dissimuler que, comme système de métaphysique et de religion, l'école de l'idéalisme allemand n'ait fait son temps aux États-Unis, ainsi qu'en Europe. Presque tous ses anciens champions sont restés fidèles à la foi de leur jeunesse : ceux qui survivent tiennent aujourd'hui le même langage qu'il y a trente-cinq ans, avec une conviction et un enthousiasme que n'ont pu refroidir l'âge ni les froissements de la vie, ni même les progrès de la science positive. Mais leurs rangs s'éclaircissent de plus en plus, et malgré la vogue momentanée de l'hégélianisme à Concord, de nouvelles recrues ne viennent point y prendre la place de ceux qui sont allés chercher dans un autre monde la confirmation de leurs espérances. Des nombreuses congrégations fondées par le mouvement transcendantaliste il ne restait plus naguère que l'église de Samuel Johnson à Lynn (Massachusetts) ; encore ne devait-elle probablement sa longévité qu'à l'influence personnelle de son ministre, et il est à craindre qu'elle n'ait disparu avec lui. A Boston, les survivants de la 28ème congrégation se réunissent encore chaque dimanche dans le spacieux édifice érigé par la gratitude publique. à la mémoire de Théodore Parker. Mais, dans cette chaire, d'où leur fondateur dénonçait autrefois la méthode et les doctrines du sensualisme, les pères de l'église qu'on cite et qu'on commente aujourd'hui s'appellent Spencer et Huxley, Dalton et Tyndall, George Lewes et Claude Bernard. Il y a là un signe des temps. C'est en effet la doctrine de l'évolution, telle qu'elle est sortie des récentes généralisations de M. Herbert Spencer, qui est devenue rapidement la philosophie dominante des Américains. Dès 1875, un des directeurs actuels de l'*Index*, M. B.-F. Underwood, constatait qu'elle était partagée par la majeure partie de la *Free religious Association*. Ici, toutefois, s'est produit un phénomène caractéristique de l'esprit américain qui, lorsqu'il s'assimile une philosophie du vieux monde, la transforme aussitôt en religion, comme on l'a vu déjà à propos de l'idéalisme allemand. De même, la philosophie de l'évolution, aussitôt transplantée aux États-Unis, y a pris la forme métaphysique d'un *monisme*, étranger à la vieille querelle des matérialistes et des spiritualistes, mais aussi profondément religieux dans ses conclusions que fidèle dans ses prémisses aux méthodes positives. « La période destructive est passée, — écrivait M. Abbot, en 1875, dans la préface d'un volume, *Freedom and Fellowship in religion*, publié par l'Association religieuse libre ; — la période constructive est inaugurée.

Dans la science, les plus grands esprits se distinguent par des généralisations positives ; dans la philosophie, les lignes commencent à converger vers certains centres. Le sentiment et l'imagination, revenus du choc que leur a causé la chute des vieilles idoles, se remettent courageusement à peupler le ciel avec les manifestations d'un nouvel idéal. »

Bien qu'Herbert Spencer déclare rejeter le panthéisme à l'égal du théisme et de l'athéisme, sa conception de l'inconnaissable comme un pouvoir mystérieux et transcendant, en même temps qu'omniprésent et éternel, support du monde et source de tous les phénomènes, ne laisse pas de favoriser cette sorte de mysticisme que provoque, dans les religions panthéistes, le sentiment de la communion entre l'Être fini et l'Être absolu. C'est ce côté de la philosophie nouvelle qui semble surtout avoir séduit l'esprit américain. Dès l'abord, un ami personnel d'Herbert

Spencer, le professeur John Fiske, qui passe aux États-Unis pour un des premiers et des plus éloquents interprètes du philosophe anglais, développa la synthèse de l'évolution sous le nom de *philosophie cosmique*, n'hésitant pas à reconnaître la possibilité de combinaisons de matière et de force « aussi supérieures à l'humanité que celle-ci l'est elle-même au cristal et à l'algue, » ainsi que l'existence d'un pouvoir impersonnel qui se manifeste éternellement et universellement dans l'activité phénoménale de l'univers. Cette doctrine fit rapidement école, et son titre même de *cosmisme*, déjà adopté par une des premières associations fondées sous les auspices de la « religion libre, » la *Free religions Congrégation* de Florence, dans le Massachusetts, est peut-être appelé, comme le reconnaissait dernièrement M. Potter, à fournir le nom d'un nouveau culte. Qu'on parcoure les essais et les conférences analysés ou reproduits chaque semaine dans l'*Index*, on sera certainement surpris, non-seulement du nombre et de l'ardeur des esprits qui s'attaquent aux côtés synthétiques de l'évolutionnisme, mais encore des ressources qu'ils y trouvent pour ouvrir des horizons nouveaux au sentiment religieux et pour le satisfaire jusque dans ses aspirations les plus exaltées. Sans doute beaucoup de ces travaux n'ont de valeur que comme indication de tendances ; mais il y a telle page de MM. Abbot, W. Cannett, Savage, telle conférence de MM. Potter, Frothingham, Chadwick, etc., qui se distinguent autant par la rigueur de la démonstration que par l'élévation des idées et la poésie du langage. Ce sont, en tout cas, des lectures recommandables à quiconque craint de trouver dans les progrès modernes de la science une cause d'affaiblissement pour tout ce qui fait la force et la grandeur de l'esprit humain.

Admise désormais jusque dans certaines chaires orthodoxes par des prédicateurs qui s'efforcent de l'accommoder aux exigences de la révélation, la théorie évolutionniste est devenue chez quelques unitaires l'essence même de la religion. Le Rév. Minot J. Savage, notamment, ministre d'une importante congrégation unitaire de Boston, s'en est fait l'éloquent et infatigable apôtre dans ses ouvrages, *la Religion de l'évolution* (1876), *la Morale de l'évolution* (1880), *Croyance en Dieu* (1881), et les membres de l'Association religieuse libre qui l'ont entendu, dans leur dernière session, discourir sur l'état de la morale contemporaine, ont assisté au bizarre spectacle de ce ministre chrétien soutenant contre un prétendu athée, M. Félix Adler, que la morale a pour fondement l'utilité sociale et pour origine l'expérience acquise par la race. A vrai dire, si M. Savage rejette toute idée d'une morale absolue et transcendante, il n'en admet pas moins qu'au milieu des variations humaines sur les règles de conduite, le principe d'une distinction entre le bien et le mal, ainsi que la signification de l'idée de devoir, représentent chez l'homme « quelque chose de constant et d'immuable comme un rocher au milieu des vagues. »

Du reste, M. Savage n'hésite pas à déclarer que le cosmisme forme un complément nécessaire du christianisme et une phase supérieure de l'évolution religieuse. « Toutes les religions, dit-il dans un sermon prononcé en 1880 devant sa congrégation, peuvent se ranger sous trois catégories : le culte des manifestations détachées de l'univers, le culte de l'idéal humain, enfin une troisième forme qu'on peut appeler scientifique ou *cosmique*. Cette dernière assigne pour objet à notre admiration, à notre révérence, à notre adoration, l'univers considéré comme un tout, l'unité, le mystère, le prodige, le pouvoir de ce grand Être de qui nous dépendons. Je crois que la religion de l'avenir sera une combinaison de ces trois éléments ; elle s'assimilera les tendances artistiques du paganisme, l'idéal moral du christianisme, ainsi que cette conception plus large qui renferme les deux autres : le culte cosmique de l'univers. » Sur certains points, — notamment quand il recherche les attributs que la science peut laisser à la Divinité, — le disciple d'Herbert Spencer prête à la philosophie de l'évolution certaines conséquences qui dépassent évidemment les intentions et la pensée du maître. Mais, d'une part, cette philosophie, tout en proscrivant la métaphysique, lui rouvre la porte, — ainsi que le lui ont reproché certains positivistes, — par sa prétention de formuler une loi générale de l'univers qui dépasse les limites de la réalité observable. D'autre part, comme nous l'avons dit plus haut, le génie religieux des Américains consiste précisément à percevoir sous un angle spécial les théories philosophiques ou scientifiques, même les plus réfractaires en apparence-à toute tentative de construction métaphysique. C'est ce procédé de spiritualisation que M. O. -B. Frothingham décrivait en ces termes dans son discours d'ouverture à la troisième session de la *Free religious Association* : « Vogt et Buchner professent le matérialisme et démontrent l'intelligence. Huxley nous parle de protoplasme et nous frappe d'étonnement en présence de la pensée. Moleschott nous dit que la lumière est la source de la vie et amène nos fronts à s'incliner devant la lumière incréée. »

Nous ne savons si l'Amérique, comme l'affirment certains de ses écrivains, aura l'honneur de donner au monde une foi nouvelle. Mais qu'il s'agisse des *cosmiens*, des transcendantalistes ou des esprits qui prennent une position intermédiaire entre ces deux écoles, si nous nous arrêtons aux dernières phases du mouvement rationaliste que nous avons vu débuter par la révolte de l'unitarisme contre les dogmes de la prédestination et de la Trinité, nous trouvons partout, comme tendance affirmative, à côté du libre examen parvenu à ses dernières limites, le sentiment d'un Etre absolu et inconditionné qui se révèle dans la nature sous l'infinie diversité des phénomènes. Que l'objet de cette foi commune se nomme « l'Éternel Un » de M. Emerson, ou le « Cosmos » du professeur Fiske, le « Dieu de la science » de M. Abbot, ou le « Dieu de l'évolution » de M. Savage, « l'univers dans toutes ses possibilités » de M. Potter, ou « le Pouvoir qui est en dehors et au-dessus de nous » de M. Hinckley, voire « l'être qui est derrière toutes les apparences » de M. Adler : c'est, en résumé, le panthéisme qui coule à pleins bords dans les régions avancées de la pensée religieuse aux États-Unis, et ainsi se réalise la prédiction formulée par Tocqueville à une époque où la réforme unitaire, en pleine floraison, semblait indiquer

plutôt une recrudescence de monothéisme :
« Dans les temps démocratiques, l'idée de
l'unité obsède l'esprit humain ; il la cherche de
tous les côtés, et, quand il croit l'avoir trouvée,
il s'étend volontiers dans son sein et s'y
repose. Non-seulement il en vient à ne
découvrir dans le monde qu'une création et un
créateur ; cette première division le gêne
encore, et il cherche volontiers à grandir et à
simplifier sa pensée en renfermant Dieu et
l'univers dans un seul tout. »